JN440686

세월이 덮은 시간

이 도서의 국립중앙도서관 출판예정도서목록(CIP)은 서지정보유통지원시스템 홈페이지(http://seoji.nl.go.kr)와 국가자료공동목록시스템(http://www.nl.go.kr/kolisnet)에서 이용하실 수 있습니다. (CIP제어번호 : CIP2017005739)

세월이 덮은 시간

초판 1쇄 발행 2017년 3월 27일

지은이 이원문 **펴낸이** 임정일
책임 임병천 **편집** 김지해, 김스경 **디자인** 이동헌

펴낸곳 책나무출판사
출판신고 2004년 4월 22일(제318-00034)

주소 서울시 영등포구 신길3동 325-70 3F
전화 02-338-1228 **팩스** 0505-866-8254
홈페이지 www.booktree.info

ISBN 978-89-6339-522-7 03810

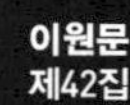

세월이 덮은 시간

이원문 지음

책나무

| 차례 |

제4부

제1부

아버지의 가을

저 넓은 들녘
내 논에 물 차있나
아직은 퍼래도
이삭 숙여 영글어 가고
하나 훑어 입에 넣으니
볏 가마니 가늠된다

셈 안에 들어온 추수의 볏 가마니
찧어 쌓으면 얼마나 될까
상상의 쌀가마니 또 한 번 셈 되고
셈 안의 셈에 근심 걱정 쌓여간다
나누고 갚고 내고 항아리에 붓고
허수아비 품삯은 어떻게 하나

잃어버린 밤

실 가닥에 매달려 잃어버린 삶
나에게는 아무것도 없어요
내 것도 아닌 것에 나를 버린 사람들
비교에 나를 두고 돌아선 사랑
이웃에게도 필요치 않았어요

그 세월에 남긴 그림이 있다면
다시 지우고 그릴 수 있을까요
아니 나 다시 그릴 수 있어요
물감에 눈물 섞어 지워지지 않도록
나 다시 그릴 수 있어요

까마귀의 가을

봄날 네 울음에 낙화 되었으니

이 가을 내 곡식 거두지 마라

내 거둬 나눈 다음

설한의 문풍지에 그 세월 모으고

내 것은 광 항아리 작은 것에 넣었다가

돌아오는 춘삼월 노자돈에 쓸 것이니

꽃가마에 실리거든 떡에 술에

찾아온 손님에게 서운하게 하지 마라

그리고 남은 것은 곡소리에 섞어 주렴

메뚜기의 하늘

건너뛰고 날아 뛰고
어느 논이 더 누럴까
하늘 높이 새털구름
허수아비 내려 보고
아이들 모여 우리를 쫓는다

이리 건너뛰면
이리 쫓아오고
저리로 날아가면
그곳까지 쫓아온다
넓은 이 들녘이 누구의 것인데

도배하는 날

벽지에 묻은 얼룩진 세월
그 세월 무엇으로
어떻게 덮어야 하나

대야에 풀은 가득한데
골라온 벽지가 잘못됐다
우중충하다 너무 환하다
무늬가 안 맞는다
꽃무늬가 더 좋다
이것이 예쁘다
저런 무늬로 할 것을

무엇으로 덮어도 덮어야 하는 세월
자르고 붙이고 주름 펴 내리고
그 세월 다 덮기까지 싸움이 반이었다

기슭의 가을

감아 오른 칡넝쿨
절기에 멈추고
잦아드는 물소리
여름을 보낸다

봄 안개에
무덥던 여름날
매달린 열매들은
알고 있었나

바람 서늘하니
억새풀 꿈 모으고
물들일 나뭇잎
예쁜 옷 준비한다

고향의 가을

메아리에 들리는

궁굴레 도는 소리

앞산 아이들

왜 저리 소란한가

메뚜기 떠난 들

허수아비 외롭고

드러난 황금 들녘

참새 떼 잃는다

서녘

지는 해 바라보며
서쪽을 보노라면
흩어진 하루의 삶
한곳에 모아진다

눈 떠 뜨는 해에
무엇을 생각했나
버릴 것 못 버리고
모아진 시간들

얻고 잃음도
잃은 것이 더 많고
옛날의 것도 한몫에
지는 해 따라간다

아가의 가을

아가야
모기 떠나 서늘하니
잘 자거라
밤이슬에 젖는 풀잎
그 시간도 너의 것이란다

아침밥은
그네에 훑은
지레 먹이 찧은 맘마로
찬장의 간장에
깨소금 넣어 비벼줄게

그리고
한낮 양지의
뜨락에서 놀아
맨드라미 꽃 꺾지 말고
엄마 벼이삭 주워올게

가을 길

저 뭉게구름
언제 흩어질까
얼마쯤에 올려보면
그대로 멈춰 있고
돌아서 다시 보면
나뉘어 흐른다

어제와 같이
하늘 높이 흩어지면
내일 다시 거닐며
올려볼 것인데
코스모스 이 길을
다시 찾을 수 있을까

가을 사랑

잊을 수 있어
잊을 줄 알았는데
얼룩진 약속의 날
코스모스에 잠든다

추억이라 하기보다
흐려진 아픔인가
이제 잊어야 할
그 모습 떠오르고

저 하늘 높이
흩어진 구름처럼
흩어지는 그날
미운 이름 부른다

기와집의 가을

친구네 집에는 먹을 것이 많았다
보릿고개에 바구미 쌀 펴 널고
울 밑 담 안에 탐스러운 양딸기
앵두는 물론 양젖도 짜먹었다

참외 수박 토마토
설탕도 많았다
얻어먹을까 기웃기웃
서운했던 날

가을날 담 안 저편
포도송이 주렁주렁
같은 감나무의 홍시여도
친구네 감이 더 크고 맛있었다

두고 가는 날

이제 내가 가야 할 길
보고 들은 것이 무엇인가
실 가닥에 매달린 정
끊어지면 그만인데

내세우고 감춘 것도
이 길에 거짓이요
뼈마디에 붙은 살도
내 것이 아닌데

담아둔 눈 안의 것
못 흘리고 담은 소리
다 지우고 흘려가며
그곳으로 갈 것인데

가을 아리랑

거두고 채우니
설한이 따뜻하다
바구미 넘는 고개
언제 찾아오려나

이 단풍에 가는 세월
문풍지에 추워 떨고
돌아오는 춘삼월
그 고개 또 부른다

단풍에 서리 앉아
떨어져 구르는 날
아리랑 고개에
지팡이 놓아둔다

가을 이야기

마음으로 오는 가을
하늘 더 높고
그때처럼 새털구름
흩어져 흐른다
들려오는 가을의 소리
잃어버린 들녘
하늘은 찾았는데
그 소리 그립고
기억에 없는 동무의 이야기
목소리만 뚜렷하다

훠이 훠이 쨍그랑 쨍그랑
메아리에 들리는 후리채 소리
추억의 가을이 그렇게 깊었나
못 듣는 메뚜기 뛰어넘고 날아 뛰고
눈치 빠른 참새 떼 허수아비 무시한다
고추밭 고구마 밭
널린 들깨의 그 향 내음
볕 쬐는 참깨 단 여기 저기 마주 보고
논 길 따라 오는 길
코스모스 한들댄다

맨드라미

주걱의 꽃 맨드라미

뜨락 양지의 맨드라미

관심 없이 지나쳐도

기억의 꽃으로 남았어요

멍석 펼 때 밟히고

그릇에 쓰러져도

나 어릴 적 꿈 모아

지금도 피었어요

가을 천둥

아침나절 맑던 날이
먹구름이 웬 말인가
업힌 아이 내리니
치맛자락 잡는구나

마답의 소 비 맞아도 괜찮을까
들녘에 늘어놓고
마당에 널어놓고
장항아리 열어놓고

곧 쏟아질 소나기
어느 곳으로 뛰어야 하나
시집살이의 천둥소리
번갯불에 더 맵구나

버드나무의 가을

소슬바람에 추는 춤
봄만 못 하구나
마음이 쓸쓸한가
쓸쓸히 보이고

그래도 끝은
춘삼월 같은데
어느 잎 하나
끄을리지 않은데 없고

찬 서리 내리면
다 그렇겠지
그렇게 버텨도
떨어져야 하고

가을 인생

풀잎새의

씨앗을 보셨나요

그 풀잎 어떻던가요

가을 언덕

이 많은 풀이름이 다 무엇인지
평생을 보아도 모르겠고
몇몇 개의 이름으로
다 아는 것처럼
오르며 보고 내려오며 보아진다

저 한곳에 칡넝쿨
이쪽으로는 뻗어간 풀인데
알 수 없는 언덕의 풀 넝쿨
이리 저리 엉켜 뻗었다
저기 저곳의 솟은 풀이름이 무엇이었지

또 한 쪽 굴청의 싸리나무
이 쪽 돌뿌뎀이의 찔레나무 넝쿨
계절에 피는 꽃 모두 지우고
보라색 꽃 몇 송이만 넝쿨에 가려 있다
이 가을 더 깊으면 어떻게 될까

들국화 꽃 노랗게 향기 풍겨 줄 것이고
저쪽 억새풀 두덩 억새풀 꿈 모았나
억새 꽃 피면 바람도 불겠지
기다린 억새 꽃 언제 피려나

들국화 향기 억새 꽃 기다려진다

가을 일기

누구의 얼굴이라도
떠올려보고 싶어
떠올려보면
그 얼굴이 아니고
다시 떠올려
기억에 담으면
왠지 쓸쓸히
희미하게 지워진다

가을은 언제나
쓸쓸한 것인가
억새 꽃 기다림에
바람 서늘하니
이 길의 외로움이
미련의 것인 듯
하늘 높이 새털구름
조용히 흐른다

제2부

아내의 가을

쓸어 담고 모으고
주워 담고 채우고
봄날 긴 머리에
전에도 그랬을까

아이들 키우느라
꿈으로 보낸 세월
그 아이도 어느새 커
제 아이 가졌는데

안팎으로 거두고
털어 펴 말리고
가을걷이에 바쁜 하루
아내의 몫이 얼마나 될까

미련의 가을

아직 잊지 않았겠지
나 여기에서 막노동하고 있어
당신을 위해 밤낮도 없고
거짓의 그림이 된 당신의 꽃
다 지우고 다시 그린다면
보다 예쁜 꽃으로 그릴 수 있을까

그려도 어느 꽃을 어떻게 그려야 할지
처음의 꽃처럼 아름답지 못해도
나 이제 그릴 수 있어 그려야 하는 거야
가을꽃으로 그리는 날
그 곱던 옛 단풍잎 그렇게 모아 넣고
그다음 그다음 억새 꽃을 그릴 거야

감나무

감꽃 주워 꼬치에 꿰던 날

이 꾸러미를 누구에게 줄까

망설임에 부끄러워

얇은 가지에 매달아놓았지

감꽃 줍던 그 자리의 빨간 저 홍시

이제 이 홍시는 내 입의 것일까

그때처럼 따라오면

먼저 쥐어 줄 것인데

시어머니의 친정

시어머니의 친정도
우리 집 사정과 같은데
뻔질 가는 시어머니에
나는 한 번 발 딛기가
왜 이리 힘 드는가

퍼 나르고
구워 나르고
만들면 나눠 나르고
그러면서 나에게
알뜰히 하라는 시어머니

짧은 생각일까
너무 속상하고
말대답하고 싶어도
어머니의 며느리다
식구 아닌 친정집에 사연이 있나

알고 보니 감춰온 사연
왜 눈치 못 챘을까
어머니 죄송해요
용서하세요

짧은 이 며느리 용서하세요

싸리나무

이 꽃 떨어지면

어떻게 하나

반달의 이슬

먼동 트이기에 아직 이른데
반달 마중 동녘의 별
여기 저기 총명하다

뜨락의 귀뚜라미
촉감의 맨드라미
밤이슬의 벌레 울음

모두 흠뻑 젖는 새벽
샛별만 못 떠난다
이슬의 맨드라미 어떻게 하나

보릿고개의 가을

코스모스 사이로 바라보는 들녘
앉은 참새 배불러도 나는 아니다
병작의 다랭이 논이 저만이나 할까
추수하여 나누고 나면 작년과 같고
방앗간 다녀오면 그나마 더 작아진다
김치 넣어 죽을 쑤워도 봄까지는 너무 먼 고개
윗목 시루의 콩나물은 안 그렇겠나
눈 안의 들녘 마음에 서리 앉고
이삭을 주워도 그 고개를 넘어야 한다
봄이어도 앵두 익기까지의 쑥으로 넘는 고개
허기의 단몽은 더 긴 꿈을 못 부르나
눈 떼지 못한 들녘 참새 떼 날아든다

생(生)

나올 때 트집으로
돌아가지 못하는 길

갈래 많고 알 수 없는
갈수록 짧은 길

그 생을 위해
어떻게 걸어왔나

한숨으로 돌아보고
얻고 잃고 버려야 했던 길

마지막 표정까지
진실이었나

가을 양지

무너진 뜰
맨드라미 외롭고
지나는 암탉
두서너 번 쪼아댄다

먹이가 있었는지
씨앗이 보였는지
외로운 맨드라미
귀찮게 한다

그 암탉 가버린 뜰
작은 울음의 귀뚜라미
쓸쓸한 초가집
낮잠 재운다

교훈의 가을

순리에 따르는 가을의 산과 들
어쩌면 인생도 그렇지 않겠나
엊그제 음지 양지 모두 덥더니
이제 그 음지의 바람이 싫고
며칠 전 시원함이 춥게 느껴진다

이렇게 빠른 것이 세월이거늘
어찌 우리 인생은 모르고 살아가나
웃음도 울음도 모두 거둬 가는 세월
옷자락에 묻은 것이 때만 있었겠나
빨래줄에 얹어도 그대로 있을 것이며

피는 꽃이 낙화에 그렇게 얼룩지듯
가을날 성한 것이 어디에 있나
곱게 물든 단풍도 드러난 거짓이요
우리의 마음 또한 그 무엇이 다를까
이제 이 가을 더 깊어 가면 우리의 인생도 저물어갈 것을

회상의 얼굴

이름이 그렇듯
어렴풋한 얼굴
이제 모습도 잃은 것 같고
기억의 아지랑이
그 모습 거둬간다

다녔던 곳 놀던 곳
그 아름다웠던 날은
기억하고 있는지
한 번쯤 보고 싶어
그리움에 얹는다

가을의 기쁨

먹을 것이 많은 가을
앞 뒷산 더 멀리 먼 산에 오르면
가얌 머루 다래 으름
칡은 봄의 약속으로 뒤로 하고
깨어 물면 고소한 가얌 맛
굵은 넝쿨로 높은 나무에 오른
신맛의 머루 단맛의 다래
그리고 씨 많은 으름 그 으름은
뒤처리에도 불편했다

내려오며 밭둑을 지나노라면
고개 숙인 수수목 그 밑의 깜부기
땅콩 밭 옆 콩밭은 어떠했나
갈라진 고구마 밭 두덩의 유혹
지나면서 살짝 실례에 흔히 못 본
고구마 꽃도 보지 않았나
뒷동산의 밤나무 밑 알암 줍고
감나무의 홍시는 며칠 더 있어야 했다
들리는 탈곡기 소리 지금도 들린다

타향의 가을

양지도 춥고

음지도 춥구나

바람 한 번 더 불면

기댈 곳 찾을 건데

떠나온 길 코스모스

멀어진 나 바라보았는지

나 외면한 세상

누가 나를 반겨줄까

언니의 추석

소꿉친구들 다 모이겠지
우리 엄마 송편 빚고
동생들 나 기다리지 않을까
아픈 셋째는 괜찮은지
버스 안의 오라이 스톱은
추석도 없는 것인지

작년에 못 간 고향
올해는 남자 친구가
같이 가자 하고
배차 시간에 쫓기는
고민의 두 마음
다가오는 추석 걱정된다

길목의 가을

부는 바람 쓸쓸하니
옷깃 내려오고
나서는 길 방초 잎
시들어 늘어진다

한여름 밟혔던 잎
그 시간을 아는지
꺾여진 씨앗에
무엇을 넣었나

넘는 해에 밟힌 씨앗
바람이 흔들고
시드는 방초 잎
또 하루 저문다

등잔불 형제

세상의 가르침에 순리를 배웠고
부족하고 모자람에 인생을 배웠다
보는 사람 많아도 찾는 이 없는 세상
산 넘는 기러기 보며 길을 배웠고
주인 있는 눈 안의 것에 욕심을 배웠다
담아 들은 소리에 귀천을 배웠고
사람의 표정에서 가릴 것을 배웠다

거칠고 거친 세상
외면하는 어른들이 더 서운했다
눌리고 밟히며 얻지 못한 꿈
귀뚜라미 울음에 밤을 배웠다
바라보는 꽃 한 송이도
눈 밖의 것이 되어버린 날
허기의 졸음에 잠을 배웠다

억새 꽃의 동심

나 어릴 적 가을은
아이들과 기뻤는데
하늘 높이 새털구름 흐르고
메뚜기 따라 뛰어가면
그 메뚜기 옷에 붙어
또 한 번 날아가고

논길 따라 지나는 길
돌뿌뎀이의 억새 꽃
쓸어안아 볼에 대면
어찌 포근했던지
갓 피어난 억새 꽃
다시 찾고 싶어라

언약

그날의 긴 시간은
오늘을 믿었고
믿었던 오늘은
그 약속을 잃었다

짧은 먼 훗날을
믿어야 했던 날
오늘은 그 아름다웠던 날을
기억하고 있는지

그리움으로 남아
억새 꽃에 묻는 행복
먼 훗날의 오늘을
이 강물에 띄운다

구름의 여정

네 떠나온 곳 돌아갈 수 있다면
나 너와 함께 같이 가리라
봄이면 봄여름이면 여름
삭풍의 겨울날 추워 양지 찾아도
나 이 가을날 너와 함께 가리라

네 머물던 봄날에 꽃 보고
지나는 여름날 냇가에 손 담그며
이 가을 너와 함께 그곳 찾아가리라
저 산 넘고 또 넘어 겨울 만나면
네 가린 양지 찾아 그곳에 가리라

억새 꽃 노을

남긴 이름도

미웠던 그날도

나 이제 다 잊고

저 노을을 지운다

남는다면

그리움 하나

실오라기 그 옛정에

모두 묶는다

제3부

가을 돌담

빨간 담쟁이
이리저리 수놓고
메꽃 넝쿨 오르며
담쟁이 시샘한다

꽃으로 보는
메꽃이 더 예쁠까
단풍으로 보는
담쟁이가 더 예쁠까

여름날 가을날
자랑 못 한 강아지풀
양지의 볕 쬐며
맺힌 씨앗 영글린다

코스모스의 석양

밤이슬에 흠뻑 젖어
아침 햇살에 무겁고

점심나절 마르니
중천 해에 흐려진다

바람 부는 저녁나절
어느 꽃이 나만이나 할까

엇비스듬히 해 비추니
더 가냘피 한들대고

부는 바람 살랑살랑
보는 이 넋 나간다

수수 밭의 달

달빛 고요히
벌레 소리 흐리는 밤
잎 비비는 소리
시간을 가른다

저 달 산 넘으면
내린 이슬 앉히려나
호미 자루 못 놓고
옥양목에 감춘 세월

부는 바람 멎어
수수 잎 젖어드니
이슬도 눈물도
이 밤을 적신다

누렁이의 추억

내 사랑했던 누렁이
나를 좋아했던 누렁이
학교 갈 때 따라오며
아쉬움에 돌아서고
언덕 위에 지켜있다
나 보며 달려오고

줄 것이 없어 미안했던 날
주머니에 손 넣으면
손 바라보던 누렁이
뜯어진 주머니에 무엇이 있겠나
부엌에 들어가면 부엌에 따라오고
그릇 소리에 귀 기우렸던 누렁이

산으로 들로 동네 마당까지
따라오던 누렁이
징검다리 건너면
먼저 건너 바라보던 누렁이
추석날 밤 무릎에 앉혀
뒷동산 보름달도 함께 바라보았다

산사(山寺)의 단풍

봄날의 네 움은
물소리의 것이었고
여름날 파란 잎은
새들의 것이었다

갉아먹힌 그 자리는
세월이 갉은 자리였고
가을날 단풍은
풍경의 것이었다

바람이 굴리는
떨어진 낙엽
날아든 법당의 것은
누구의 것이었나

긁어모아 태우니
구름 따라 흐른다
잿더미에 쌓인 것은
흙의 것이 아닌가

산사(山寺)의 바다

저 먼 물소리는
만년의 것이었고
들리는 이 자리는
천년의 것이었다

풍경에 담은들
저 소리가 다 담길까
모으며 휩쓸고
깎으며 부딪치고

천만년 흘러도
그 물소리 변함없다
이곳의 소리는 어찌 멈춰
구름을 기다리나

싸리비의 뜰

떨어진 것이

낙엽뿐이겠는가

흘리고 버린 것이

오늘의 것만 있었나

바람에 흩어져

쓸어 모으니

태워도 남을 것은

보이지 않았다

억새 꽃 인연

잊어야 했던 날의

억새 꽃 언덕

나 그날 찾아

여기에 다시 왔다

인연은 아닌데

그렇다 하는 것이 사랑인가

그리움에 넣은 모습

이 억새 꽃에 묻는다

추석의 달

누구의 기억이

네 달 속에 있을까

바라보는 너보다

더 멀리 있구나

마지막 기억이

흐려지는 날

구름이 가린 너

찾을 수 있을까

가을 하늘

그저 즐겁기만 했던 가을
나는 나를 알고부터
가을이 쓸쓸했다

올려보는 하늘에
흩어진 새털구름
지나치며 꺾어 장난하던
가냘픈 코스모스

어느 것 하나 억새 꽃도
바라보며 그냥 지나칠 수 없었다
처음 향기와 같은 들국화를 쓸어안으면서

할머니의 추석

열이틀의 할머니
생각이 깊으시다
콩 꺾어 콩 까놓고
알암 주워 밤 까놓고
삶을 팥 씻어 일어 놓으신다

미리 찧어놓은 두서너 말의 쌀
떡쌀을 담그면
몇 됫박을 담가야 하나
셈 안에 들어 있는 나간 식구들
오는 손님맞이에 한 됫박 더 담근다

송편의 밤

열나흘 날 빚는 송편
할머니의 송편에
고모 생각이 들어 있고
어머니의 송편에는
시집 잃은 누나 생각이 들어 있다

취한 술에 주무시는 할아버지
툇마루 끝의 아버지
빚는 송편 바라본다
솔잎 준비에 조상의 묘 걱정
우리들은 송편 속에 추석놀이를 넣는다

구름의 추석

네 산 넘는 그곳이
나의 고향이란다
그곳에 가면 주울 것이 많아
지금쯤 그 동무들 싸리 씨 훑겠지

산에 오르면 도토리 밤
아직 이른 논밭의 이삭들
그 이삭은 며칠 있다
눈물로 주워야 돼

찬 서리에 줍는 무 배추 잎사귀
얼마나 귀중한지 쌓인 눈은 알고 있지
항아리 비우는 보릿고개 넘는 날
양지 가린 너 그 기억하고 있는지

가을 이야기

빛바랜 그 세월이
먼 훗날이 된 것처럼
보이는 산과 들
마무리에 바쁘다
아름다운 저 단풍은
아름답기만 하겠는가
보이는 것마다
때맞춤에 드러나고
드러난 거짓은
거짓이 아니었기에
있는 그 모습 그대로 보여준다
위로는 씨앗으로
밑으로는 뿌리로
무엇을 위해 맺고 근을 뺐나
갉아 먹힌 잎새 병으로 얼룩지고
푸서리의 이파리도
성한 것이 하나 없다
다가올 설한이 예고한 것인지
아니면 설한을 준비한 것인지
마지막 꽃 낙화에 털어야 할 흔적들
가을은 바람부터 마음을 빼앗고
빼앗긴 마음 허공을 바라본다

다리목

사연을 건네준

이 다리목

끝과 시작의

이 다리목

물은 아직 그대로

그 사연 흘리는데

머문 마음 쓸쓸히

옛 바람 따라간다

시린 추억

수수 밭에 앉은 마음
달 속에 내가 있다
수수 잎새 사그락
인생을 읽는 마음
몸이 추운 것이 아니라
마음이 추웠다

뭐 그리 자랑할 것이 많은지
주눅의 추석 문밖 못 나가고
찾아 갈 곳 없고
찾는 이도 없었다
처지가 바뀐 세월
그 세월이 나를 시험했었나

고향 가는 길

여기에서 자란 나였나
저기 저곳은 내 오르내리던 산이고
이 개울가에 송사리도 많았는데
정거장 한 귀퉁이 바위 그대로
굽었던 길 곧아도 마음은 옛길이다

뒤로 보이는 저 들녘 허수아비 어데 갔나
코스모스 듬성듬성 몇 송이뿐
저녁 바람 쓸쓸히 옷깃을 내린다
울고 웃던 날에 뛰어놀던 곳
틀어진 주머니에 알암 흘러내린다

민요

우리의 민요
들어보면 볼수록
의미가 깊다

흥겨운 가락에
한 맺힌 사연
사연에 담은 기쁨과 슬픔

그 세월을 보낸 만큼
시간을 노래했고
노래는 그 세월을 쓸어내린다

추석 만남

흐른 십여 년의
이웃과 친척들
진심은 안 보이고
거짓만 보인다

낮출 줄 모르고
내세우는 사람들
옛 버릇 그대로
버리지 않은 사람들

가득 찬 추함이
세월도 속이겠나
바뀌는 처지에
드러난 거짓들

진실이건 거짓이건
낮춰야 하는 것인데
낮춰도 그 진실이
바뀌는 것이 인생이고

등대의 가을

먼 바다 가까이
다시 멀어지고
가까워도 멀어져
하늘 끝 닿는다

멎을 새 없는 바람
언제 멎을까
벼랑 끝 억새 꽃
파도 소리에 외롭다

은물결 위 갈매기
등대 찾아 날아들면
노을 진 저 바다
물들어 잠들겠지

제4부

스친 추억

우리 고향에는
철새도 많았는데
날아와 떠날 때
몇 번씩 울어주고

냇둑 길 따라
찾았던 풀잎들
뜯어 입에 넣으면
무슨 맛이었지

어렴풋이 떠오르는
좋아했던 아이
꽃 이름도 모르면서
뜯어 씹던 풀잎들

고향 언덕 억새 꽃에
그 시절을 묻는다
나 어릴 적 추억을
다시 한 번 더듬는다

낙엽의 뜰

저렇게 몸서리로
곤두박질칠 것을
떨어지면 바람이
그냥 두겠나

봄날에 여름날
그 세월은 어찌
가을을 몰랐는지

지붕 높이 구름 흐른다
마지막 한 잎 떨어지는 날
그 한 잎 떨어지면
어디로 가야 하나

가을 저녁

바람 쓸쓸히 마음도 그렇고
흐림의 하늘 옛날을 찾는다
이맘때 들어와 성냥을 찾으면
썰렁한 마루 끝에 찬 걸레만 잡히는지
들어간 부엌은 어떠하겠나
캄캄하니 냉기로 가득하고
더듬다 보면 된장 그릇 엎지른다

솥뚜껑 여닫는 소리를 어찌 잊을까
깨어진 뚜껑은 더 요란하다
아궁이에 불 지펴 물 데우고 밥 짓고
바람에 삐걱대는 부엌문의 서러움일까
추운 이 마음을 더 찢어대는지
잿티 연기에 섞이는 눈물
등불 아래 아궁이 불 인생을 태운다

생명의 가을

그렇게 다시 벗겨 어둠으로 덮는 빛

생명도 시간이 그렇게 덮지 않는가

나누어진 기간에 움직이는 생명들

그 한몫에 사람은 무엇을 하고있나

모두가 못 벗어날 어둠으로 가는데

낙엽의 오후

적은 듯 많은 듯
차라리 멎으면
쓸쓸하지 않을 것을
빼앗긴 마음
바람이 쓸어간다

우산 없어 젖은 옷
마음은 안 그런가
빼앗긴 마음 따라
옛날까지 젖어들고
떨어진 낙엽처럼 초라해진다

노을의 섬

꽃구름 노을 지는
억새 꽃 언덕
바람 불어 누워도
외롭지 않아요

파도의 먼 기다림
기다림의 언덕

누구의 그리움이
이 섬을 찾을까
찾는 이 없어도
외롭지 않아요

억새밭

먼 아름다운 날로 돌아갈 수 있다면
저 산 넘는 구름처럼 뒤돌아보지 않을 것을

찾은 이 자리의 억새 꽃 낙화 되는 날
나 그날 아름다웠다라고 말할 수 있을까

다 지워도 지울 수 없는 마지막 안녕
그날을 묻는다 이 억새 꽃 언덕에

음지의 가을

가을은 아름다웠다
그리고 슬펐다
추억에 묻어나는
어제와 오늘을
그림으로 들춰
다 펼쳐 보이더니

잊은 줄 알았던
그날의 아픔마저
버리지 못하고
모두 그려놓아
아프게 했다

딛는 발걸음에
쓸쓸한 바람
높은 하늘 허공에
빼앗기는 마음
저녁연기도 아프게 했다

바람의 가을

가을 깊어라
오른 산에 부는 바람
한숨에 들어오고
들길 나서면
가슴 깊이 스며든다
방황도 아닌데
길거리를 거닐면
구르는 낙엽과
추억에 젖는다

언덕배기의 억새 꽃
다시 눕혀 스친 바람
하늘 높이 불어가면
뭉게구름 흩이려나
기슭의 단풍 곱게 물들고
낙엽에 그려진
스쳐 간 기억인 듯
나뭇가지 흔들어
구른 낙엽 모은다

귀뚜라미의 일기

멎을 듯 멎지 않는

귀뚜라미 우는 밤

누구의 슬픔이

이 이슬에 젖을까

등잔불에 섞이는

기다림의 밤

흐르는 눈물

불꽃에 태운다

마지막 하늘

세상은 왔다
그렇게 간다
그렇지 않아도
그렇게 간다

길고 짧음의
거짓의 꿈
누구의 진실이
거짓이 아닐까

바늘로 찌르니
살이 아프고
듣고 본 것에
목마르지 않던가

세상은 왔다
그렇게 간다
부끄러움 감추며
그렇게 간다

억새꽃 첫정

비교가 찾아

내 곁을 떠난 사람

그곳의 웃음이

처음만이나 할까

이곳도 때가 되면

웃어줄 수 있고

지나도 그 웃음

믿어줄 수 있는데

가을 연못

떨어진 낙엽 방황하고
어리는 물살 수초 잎 모은다
연못이 깊은들 하늘만큼 높을까
연못 속 하늘 하늘보다 더 높다
어리는 물살에 이그러진 구름
잉어 떼 오가며 그 구름 바라본다

캄캄한 밤 돌아오면 어떻게 하나
길 잃은 방황의 낙엽 어디로 가야 하고
잉어 떼 숨어버린 연못의 하늘
별빛에 귀뚜라미 잉어 떼 부른다
어리던 물살 흩어진 새털구름
내일이면 또 다시 이 연못 찾을까

낙엽의 길

팔자에 운명이라더니
알 수 없는 것이
그날까지의 앞날인가

몸뚱이 하나에
빈손으로 간다더니
알면서도 쥐고
채워야 하는 것이 인생이고

무슨 일이 있었는지
지난날은 그만두더라도
다가올 앞날에 무엇을 얹을까

덧 많고 벌레 많은 세상
얹어도 그것이 그대로 있을련지
순리에 따르는 가을이 아름답다
주워본 낙엽과 그 무엇이 다를까

터주까리

가을바람 으스라니
감나무 잎 떨어진다
차가운 장독대에
낙엽 떨어지는 소리

어느새 한세월
첫서리에 덮이나
떨어지는 소리에
그 세월 깨어진다

수수목 베어 엮어 매달고
들깨 단 털어 거둬들이니
돌아본 장독대에 응달이 든다
올 터주까리는 어느 곳에 앉히나

추억의 춤

숨어 숨어 보던
연습의 부채춤
부채에 가린 모습
보일 듯 예뻤다

색동옷 여미며
부채 내려 보인 모습
가을 운동회 날에
보여 줄 춤일까

운동회 날 시작부터
마음 설레이고
좋아했던 아이의 춤이
제일 예뻤다

가을의 강

강 그늘 저 멀리 억새 꽃 눕고

나루터 앞 낙엽 강물 따라 내려간다

세월에 얼룩져 떨어진 낙엽

물살에 보일 듯 이 하나가 아닐진데

가라 강물 따라가거라

봄바람에 너의 소식 들려오는 날

이 강 기슭 꽃 피워 너를 기다린단다

가라 뒤돌아보지 말고 어서 가거라

촛불

누구의 마음이
이 촛불에 담길까
병든 이 힘든 이
소원을 비는 이

그리고 마지막
영혼 따라가는 이

불꽃에 태우는
사람의 마음
밝음에 밝혀도
어두워진다

볏까리

메뚜기의 들녘
바닥 드러나고
날아든 참새 떼
쓸쓸히 떠난다

누구네 볏까리가
제일 많을까
위쪽 많은 것은
기와집 할머니네 것이고
이쪽으로 조금인 것은
친구의 둘째 엄마네 것이다

머슴 우리 아부지(아버지)
우리의 것은 어디에 있나
이다음에 저것보다
더 많이 더 크게 마차 끌고 간다 했다

단풍의 일기

단풍잎 모아
밭둑길 지나오면
억새 꽃 아쉬워
뒤돌아보아진다

다시 찾아
쓸어안아 볼까
아니면 내려와
단풍잎에 담을까

망설임의 아쉬움
내딛은 발 부끄럽고
지니고 숨긴 단풍
살짝이 펼쳐진다